COUP D'ŒIL

SUR NOTRE POSITION

POLITIQUE ET FINANCIÈRE.

Par M. A... S..d. C^e.

A PARIS,

Chez Ant. Bailleul, Imprim.-Libraire du Commerce,
rue Helvétius, N°. 71.

1814.

IMPRIMERIE D'ANT. BAILLEUL.

COUP D'ŒIL

SUR NOTRE POSITION

POLITIQUE ET FINANCIÈRE.

Le premier besoin des peuples, est la justice ;
ils ne peuvent l'obtenir que dans l'ordre social ; il ne peut exister d'ordre social sans
propriétés ; il ne peut exister de propriétés
sans des lois qui les garantissent, et sans un
Gouvernement qui les fasse exécuter : c'est de
la garantie et de l'exécution de ces mêmes
lois que naissent toutes les dépenses communes. Chacun doit donc contribuer, suivant
sa fortune, aux dépenses qui garantissent sa
personne et sa propriété ; c'est de l'assiette de
ces contributions et de l'ordre de l'administration qui les dirige, que dépend le bonheur
de la société.

Ces principes fondamentaux appartiennent
au bon sens, et sont fondés sur des bases in-
contestables. La puissance du souverain et le
bonheur du peuple dépendent de la sagesse
qui doit déterminer l'assiette et la perception

de ces mêmes impôts que l'intérêt du Gouvernement et du peuple réclament.

C'est ici où le souverain et le législateur doivent apporter les plus sérieuses attentions; une erreur sur ce point conduit à d'autres, et cela peut amener des conséquences fatales à l'intérêt de l'état et à la prospérité publique. Pour les éviter, je pense qu'il faut qu'ils soient bien pénétrés qu'il convient d'appeler sur ces grandes questions, non pas les hommes qui ont le plus d'esprit, mais bien ceux qui, par leur position indépendante de tout intérêt particulier, se sont occupés toute leur vie de l'objet qui doit être discuté. Que l'expérience du passé serve de leçon pour l'avenir, et que, par une prudente sagesse, le Gouvernement se mette généralement en garde contre les projets qui lui sont présentés, surtout lorsque ces projets n'auraient pas le caractère du désintéressement le plus absolu de la part de leurs auteurs, et l'évidence la plus positive pour le bien général.

Quelques hommes célèbres ont traité de la théorie des impôts et des finances; leurs idées sur cette matière, ou plutôt leurs systêmes, développés avec beaucoup d'éloquence, ont persuadé à quelques autres qu'il ne s'agissait que de mettre en pratique ces superbes monumens de l'esprit, pour rendre le Gouvernement puissant et le peuple heureux. Ces systêmes, fruits de l'imagination, n'ont servi qu'à prouver qu'en finances, ou, pour mieux dire, en administration publique, il ne peut exister de système ; que là où il ne faut que des calculs démonstratifs, relatifs aux produits, et de l'ordre dans la distribution de ces mêmes produits, tout doit être positif.

Chaque système occasionne une révolution financière; tour à tour triomphant ou renversé, c'est un procès interminable, où chacun prend plus ou moins de part, suivant son intérêt particulier. Les uns ne connaissent que l'établissement des lois fiscales pour la sureté de l'état et le bonheur du peuple ; les autres prétendent que l'impôt territorial doit fournir à toutes les dépenses, et que, hors le principe des économistes, il n'existe point de salut. Tous ces célèbres théoriciens croient avoir trouvé par leurs systêmes la science, par excellence, de la véritable économie politique; tous prétendent vous présenter crédit, confiance, industrie et commerce, enfin toutes les ressources qui rendent les peuples heureux et soutiennent les empires : que de talens ont été développés pour réaliser des chimères !

Les études particulières d'un homme d'épée, d'un magistrat ou d'un homme de lettres, sont généralement étrangères aux connaissances qu'exige l'administration des finances d'un grand état; on ne peut exiger de ceux qui ont tant d'autres talens, qu'ils soient universels, et qu'ils possèdent ceux qui, sous tous les rapports, se sont trouvés étrangers à l'ordre de leurs études et de leurs méditations journalières. La science de l'économie publique, désignée sous le nom de finances, n'a d'attrayant que le nom ; ses démonstrations sont lentes et pénibles; ses détails se multiplient à l'infini; elle peut fournir à l'homme exercé de grandes combinaisons : mais si ces combinaisons ne sont point en harmonie avec toutes les parties qui doivent concourir à l'ordre général qui doit exister entr'elles, alors, au lieu d'être utiles, elles peuvent devenir la source d'une foule de calamités pour le peuple, et funeste pour le trésor public.

Il n'est pas difficile d'établir des impôts, et de leur donner sur le papier un produit; ce qui l'est davantage, c'est de réaliser ce produit; et lors même qu'on a atteint ce but, on n'a pas encore tout fait pour le bien public : il faut à tout impôt d'autres caractères pour prouver sa justice et son utilité.

Le premier objet qu'on doit considérer pour l'assiette d'un droit, c'est d'examiner profondément celui sur lequel il frappe, si les lois sacrées de la propriété et des personnes sont respectées, s'il n'attaque pas directement ou indirectement l'industrie particulière en trop grande masse, et par conséquent le crédit particulier; car il ne faut pas se dissimuler que c'est du crédit particulier que naissent l'aisance générale et le crédit public, et que, sans ce dernier, point de confiance, point de prospérité publique: il faut examiner si ce droit porte sur un objet exportable ou importable; connaître les rapports de cet objet avec les produits de l'étranger, et ceux qui existent avec ceux de notre sol; le degré d'utilité dont il peut être dans la balance commerciale, et les avantages ou désavantages qu'il peut produire sur l'agriculture et l'industrie nationale; considérer son volume, et surtout sa valeur intrinsèque; quels sont les obstacles qu'on peut opposer à la fraude; quels seraient les bénéfices qui pourraient en résulter pour ceux qui la feraient; quelles sont les dépenses qui nécessitent la perception d'un tel droit, et combiner par-dessus tout l'influence qu'il peut avoir sur les mœurs. Toutes ces considérations étant établies sur des notions positives, elles doivent fixer invariablement la mesure que le Gouvernement doit prendre sur chaque partie du revenu public.

Les idées libérales reposent sur la saine raison, et elle nous dit que si on peut introduire telle marchandise que ce soit en fraude, moyennant 10, 15 ou 20 p. cent, il est inconvenant d'y mettre un droit de 50 p. cent; car alors, de quelle importance que soit cette branche de commerce, on la livre tout entière à l'immoralité, et les honorables travaux de ceux sur qui la prospérité publique se fonde, s'en trouvent privés.

Le bonheur des humains repose sur la sagesse des lois qui les gouvernent, et toutes les fois qu'elles ne concordent pas avec leur intérêt, elles sont nécessairement vicieuses; c'est de l'exécution des lois que doit dériver l'utile et véritable intérêt de toutes les classes de la société; on ne peut s'écarter de ce principe, c'est un point de départ où tout doit se rattacher; si on l'abandonne, on va où le hasard conduit; une erreur mène à mille autres, et de là naissent les désastres qui pèsent sur les peuples et entraînent les Gouvernemens à leur ruine.

Le plus juste et le plus utile, par sa simplicité, de tous les impôts, est sans contredit celui qui s'établit sur les propriétés; mais dans celui-ci comme dans tous les autres objets imposables, encore faut-il, pour le bien public, qu'il soit basé sur une sage proportion aux produits de ces mêmes propriétés, qui doit être, suivant moi, le cinquième du revenu net et réel, en le fixant au moment que l'impôt est assis. Il ne faut pas se dissimuler que cet impôt, qu'on peut croire au premier coup d'œil invariable, peut éprouver, par la sagesse du Gouvernement, une augmentation sensible, comme, par ses erreurs, éprouver une diminution telle, qu'il serait impossible d'en calculer les résultats.

En effet, l'agriculture en France est, de principe fondamental, la première richesse ; mais il y en a un autre aussi incontestable, qui est que, sans l'industrie et le commerce, l'agriculture ne peut prospérer. L'industrie transforme et utilise ses produits, et le commerce (si je puis me servir de cette figure) les multiplie par l'action qui les transmet à toutes les parties du monde où ces mêmes produits peuvent et doivent être consommés : c'est de cet accord et de cette impulsion que dérive la richesse nationale ; par cette heureuse harmonie, tout se lie et marche de concert vers la prospérité publique.

La France, est de tous les états de l'Europe,

le plus riche, et peut devenir le plus puissant; c'est le pays qui, par sa position et le caractère de ses habitans, peut porter au plus haut degré l'agriculture, les arts, les sciences, l'industrie et le commerce : mais cette flatteuse espérance repose tout entière dans les mains du Gouvernement. C'est le discernement et la sagesse qui guideront l'assiette des impositions, ce sont surtout les traités qui auront lieu avec les puissances étrangères, qui décideront du sort du peuple français. Personne n'ignore qu'une nation qui devient tributaire envers les autres peuples, s'appauvrit nécessairement chaque jour, et que le découragement, qui en est la suite, détruit cette source vitale du corps politique qui donne la force et l'énergie au peuple et au Gouvernement.

Si l'industrie et le commerce sont protégés et soutenus, tout sera prospère; si ces deux branches importantes ne sont pas garanties par de sages lois, le peuple sera malheureux, et le Gouvernement perdra tous les avantages que lui assurent le bonheur et l'aisance de la nation. Il ne faut pas perdre de vue que c'est dans la multiplicité des objets imposables que le souverain doit trouver tous les moyens qui peuvent soutenir sa puissance; que l'industrie et le commerce, non-seulement font fleurir l'agriculture, mais augmentent les ressources, en multipliant les objets, assurent l'aisance, et garantissent au trésor l'acquittement de toutes les impositions. La nation qui travaille trouve sans peine les moyens de pourvoir à sa subsistance et aux dépenses communes : si ces deux ressorts de la prospérité nationale ne reçoivent pas l'impulsion convenable, le peuple est malheureux, et le souverain perd son plus ferme appui.

Ces observations prouvent que l'impôt sur les propriétés peut n'être pas invariable, que le revenu territorial est susceptible d'augmenter comme de diminuer : tout cela se rapporte aux mesures que le Gouvernement peut prendre. La justice et la raison veulent que l'impôt soit établi sur le revenu réel : or, partant du cinquième du revenu actuel, il est possible que cette imposition ne représente, d'ici à un temps donné, qu'un septième du revenu réel, comme il peut malheureusement représenter la moitié de ce même revenu. Dans le premier cas, la félicité du peuple et du souverain est assurée; dans le second cas, les propriétaires ne peuvent acquitter une imposition qui devient, par les fausses mesures qui ont amené cette position, exorbitante, ruineuse pour le peuple et désastreuse pour le trésor.

S'il peut exister sur l'impôt le plus simple et le plus naturel des situations si dissemblables par leurs résultats dans l'intérêt de l'État, les impôts indirects, à plus forte raison, présentent-ils des données bien plus éventuelles, et dont la progression peut se faire sentir bien plus rapidement, soit en bien, soit en mal.

Les impôts ne nuisent point aux peuples, lorsqu'ils se trouvent répartis avec prudence sur une masse d'objets qui alimentent leur industrie et leur travail, et lorsqu'ils portent plutôt sur le superflu que sur leurs besoins. Le point important est de bien distinguer les objets imposables d'avec ceux qui ne le sont pas : l'intérêt bien entendu réclame impérieusement que cette distinction soit établie avec connaissance de cause. Lorsqu'il s'agit d'imposer un objet quelconque, toutes les considérations doivent se réunir; une seule, oubliée, peut détruire tout le bien qu'on a droit d'en attendre. Je le réitère, que chaque branche de revenu public soit analysée, non-seulement pour en savoir le produit, mais essentiellement pour connaître ses rapports commerciaux, tant avec l'extérieur qu'avec l'intérieur ; que ces sages attentions portent principalement sur l'agriculture et l'industrie, auxquelles il faut donner tout l'essor dont elles sont susceptibles.

L'enregistrement, le timbre, le tabac et le sel sont des objets imposables; il ne s'agit que de leur donner une fixation convenable. Le produit des douanes peut être très-considérable, comme il peut ne représenter que fort peu de chose : tout dépend du système qui sera adopté par les nations qui peuvent et doivent avoir des relations avec nous. Il est impossible de pouvoir déterminer aucune base sur ce point, sans qu'au préalable ces grands intérêts respectifs aient été discutés et déterminés. Il faut espérer que, dans cette circonstance, tout en apportant dans cette discussion des idées libérales et des sentimens d'union et d'amitié envers tous les peuples, la France ne négligera pas ses propres intérêts; que le Gouvernement s'entourera de toutes les lumières que nécessitent des traités qui doivent influer d'une manière si éminente sur le bonheur ou le malheur d'un grand peuple.

Le sucre, le thé, le café, et généralement tous les objets qui appartiennent au luxe, peuvent être imposés à leur entrée; le tout est de combiner le taux de l'impôt sur les besoins du peuple et l'intérêt de l'état. Je pense qu'il est nécessaire de faire une distinction des denrées provenant de nos colonies d'avec celles qui pourraient nous être fournies par les puissances étrangères. Il ne faut pas oublier que les colonies et la métropole ne doivent avoir qu'un seul et même intérêt, c'est-à-dire la prospérité de tous. On ne doit pas considérer les colonies seulement sous le rapport de leurs produits, mais encore sur l'importance dont elles peuvent être, par l'échange exclusif qui doit avoir lieu contre les produits de notre sol et de notre industrie, et calculer les avantages que doivent en retirer notre commerce, et surtout notre marine.

Pour asseoir des impôts d'une manière convenable, il est nécessaire, avant tout, de connaître les dépenses que nécessitent les besoins de l'état; c'est sur ces besoins qu'on peut utilement établir les recettes, et y ajouter ce que les circonstances imprévues peuvent exiger, en appréciant ce qu'une sage administration peut produire par son économie et par la simplicité de la perception de ces mêmes recettes.

Les désastres qu'a éprouvés l'Europe par les secousses d'une révolution, et par l'ambition d'un homme dont l'histoire ne fournit pas d'exemple, doivent servir de leçon, et font espérer que toutes les puissances sentiront la nécessité d'être justes les unes envers les autres; que le droit des gens, et l'indépendance qui leur appartient, seront mutuellement respectés, et qu'il n'existera, de long-temps, d'autre rivalité que celle qu'exige le plus grand bonheur de leurs peuples. Tout traité qui ne serait pas fondé sur ces principes naturels et sacrés, ne pourrait qu'entraîner à des discussions politiques, et renouveler des guerres accablantes pour l'humanité. Il est donc permis de penser que la sagesse et la justice présideront dans les conseils de tous les cabinets de l'Europe : mais malgré cette douce espérance, la prudence veut qu'une grande puissance comme la France soit toujours en mesure, et que les recettes soient élevées au point qu'il convient, pour ne rien craindre des événemens ultérieurs; et il est, à cet égard, du plus grand intérêt pour le Gouvernement d'éviter les secousses que peuvent produire la pénurie des finances et la nécessité de recourir à des emprunts, qui en deviennent la suite inévitable.

Il est généralement admis que la dette de l'état n'appauvrit point une nation : cela est vrai, lorsque les ressources se trouvent proportionnées à la dette; et, jusqu'à un certain point , l'intérêt général exige même qu'une foule d'individus puissent lier leur fortune à celle du Gouvernement, en la déposant au trésor public, contre un intérêt raisonnable qui assure leur tranquille existence. Mais ce serait une grande erreur que de vouloir en faire une application générale et sans bornes : il y a un terme fixé par la raison, qui veut, avant tout, que les revenus de l'état servent d'abord à payer tous les services qui garantissent son indépendance et sa prospérité ; le surplus seulement doit servir à l'entretien du culte, à l'acquittement des pensions et retraites honorablement acquises , et à l'intérêt de la dette publique.

La dette permanente, qui peut concorder avec le bien général, doit se baser sur une portion du revenu de l'état, et je pense qu'un sixième de ce revenu doit faire face aux dépenses du culte, aux pensions et retraites, et au paiement de l'intérêt de la dette. Il ne faut pas que la prospérité apparente d'un peuple qui a une dette immense , puisse contredire de tels principes : le temps et l'expérience en confirmeront la juste application. Une marine, une armée relatives à la puissance du royaume, garantissent son indépendance, son industrie et son commerce, et assurent la prospérité de l'état; après la justice, ce sont les principales colonnes qui soutiennent la grandeur des nations : il n'est pas nécessaire de fouiller dans l'histoire pour se convaincre de cette vérité; ce qui se passe de nos jours nous en fournit un grand exemple.

Si le Gouvernement était obligé d'absorber une trop grande masse de ses revenus pour acquitter l'intérêt de la dette, une infinité de branches de l'administration en souffriraient; c'est pourquoi il faut s'élever au niveau, et tâcher de maintenir ce juste équilibre par une caisse d'amortissement.

Le commerce est le plus puissant ressort de la prospérité; sans son activité, tous les canaux qui produisent l'abondance, se dessèchent ou s'engorgent; c'est lui qui vivifie l'agriculture et l'industrie, soutient avec éclat la gloire du souverain et la puissance nationale : mais ces heureux effets ne peuvent se faire sentir que par une sage liberté et une puissante protection.

Par ses seuls moyens, la France peut arriver à des ressources si considérables, qu'en mettant de côté les impôts immoraux, tels que le jeu et la loterie, ainsi que les impôts vexatoires et odieux, l'état peut élever ses recettes à six ou sept cent millions par an : tout doit dépendre de l'énergie et de l'impulsion qui seront données à la nation par les traités qui doivent assurer son indépendance, et par les lois qui protégeront ses facultés industrielles.

Qu'on bannisse, s'il est possible, le mot de prohibition ou droits équivalens, mais que tout droit soit basé sur une juste réciprocité de nation à nation : cette réciprocité ne peut être que comparative à la consommation présumée de part et d'autre, et à l'avantage que pourraient avoir d'autres nations qui se trouveraient favorisées par un droit plus faible à l'introduction du même objet.

Je m'explique : supposons qu'une nation de sept à huit millions d'habitans nous permette d'introduire chez elle un article dont la consommation ne puisse porter nos exportations qu'à la somme, par exemple, d'un million, et qu'au même titre et au même droit, cette nation soit autorisée, par un traité, de fournir à vingt-cinq ou trente millions d'habitans un objet dont les importations s'élèvent à quatre millions, il est clairement démontré, dans ce sens, qu'il n'y a pas réciprocité comparative, et que quelques articles de cette nature suffiraient pour pomper notre dernier écu et anéantir toutes nos ressources.

Dans la seconde hypothèse, le même danger existe. Supposons qu'une nation reçoive nos vins, nos eaux-de-vie, ainsi qu'une infinité

d'autres articles du produit de notre sol,
moyennant un droit d'introduction, chez elle,
de dix ou quinze pour cent de la valeur,
et cela pour obtenir une extension à ses exportations: cette supposition présente deux
considérations importantes. La première se
trouve expliquée dans le paragraphe ci-
dessus, et la seconde se trouve résolue par
son simple exposé. Prenons pour base de nos
produits les vins, et supposons que cette nation réduise le droit de son introduction chez
elle, et qu'elle ne le porte qu'à 10 ou 15 pour
cent, au lieu de 30 ou 40 pour cent qu'elle
fait payer; je soutiens qu'elle n'a rien fait pour
nous, si d'autres puissances ne payent que 5
pour cent pour le même objet : car nous au-
rons contre nous l'habitude du consommateur
et l'élévation du prix. Il ne faut pas faire un
grand effort d'esprit, pour être convaincu que
dans ces deux hypothèses il n'existe point de
réciprocité comparative, et que toutes les
conséquences seraient entièrement préjudi-
ciables à la France.

Cet aperçu donne un exemple de la nécessité d'analyser avec la plus sérieuse atten-
tion chaque objet sous tous ses rapports, et de
calculer l'essor que l'objet imposé peut produire par un droit qui assure le triomphe de
l'industrie, sans qu'il soit assez fort pour en-

courager la fraude ; chose d'autant plus essentielle, que ses effets tournent au détriment du commerce, du trésor et de la morale.

Si cependant une nation prohibait chez elle, ou qu'elle mît des droits équivalens sur nos produits et sur notre industrie, je ne dirai pas, la justice veut que nous agissions de même, mais je prouverai que l'impératif intérêt de la nation le réclame. Aucune considération ne peut balancer la perte de son existence ; ce qui arriverait à tout peuple qui se soumettrait à de pareilles conditions. Chaque nation a des produits territoriaux et industriels qui lui appartiennent : comme elle en a beaucoup d'autres qui contribuent à son bonheur, que la concurrence peut détruire, c'est à la sagesse du Gouvernement de bien établir ces distinctions : sur tout cela, il faut une discussion qui éclaire ; mais pour l'intérêt de l'état, elle ne peut avoir lieu que dans le cabinet et en famille. Il existe une foule d'observations plus ou moins fondées, qu'il serait dangereux de publier, lorsqu'elles seraient même utiles : qu'on me permette seulement d'en émettre une qui me paraît sensible et infiniment juste.

Lorsqu'il s'agit du moindre intérêt particulier, chaque partie s'empresse d'appeler les conseils des hommes éclairés, et cela pour éviter par la suite des discussions et des procès; il me paraît d'une bien plus haute importance d'employer ces mêmes moyens, lorsqu'il s'agit de l'intérêt d'une grande nation. Que des fabricans et des négocians éclairés soient appelés pour travailler avec les ministres à des actes qui doivent consolider la prospérité publique, et assurer la paix au monde; ce serait, selon moi, s'occuper de l'œuvre la plus agréable à Dieu et aux hommes.

Tout ce que le territoire de la France peut produire d'avantageux, en augmentant le nombre des objets exportables, doit être protégé et encouragé; c'est la multiplication des produits surabondans qui doit donner le mouvement et la vie à nos ports, à notre marine, assurer à toutes les classes de la société le bien-être, et au trésor la certitude des ressources sur lesquelles il a fondé ses espérances. Il serait absurde de penser ou de prétendre que notre territoire puisse produire tout ce qui nous est nécessaire, et que nous puissions nous passer des autres nations; c'est un système extravagant qui ne mérite pas la peine d'être discuté : je dirai seulement que s'il existait une nation qui possédât tous ces soidisant avantages, ce serait le peuple le plus ignorant comme le plus pauvre.

Tous les peuples se sont fait des besoins,

que l'habitude a rendus indispensables ; ces besoins ont créé l'industrie, les arts et le commerce. La nation la plus riche et la plus puissante est nécessairement celle qui possède la plus grande partie de ces avantages ; et, à cet égard, nous avons pour règle de notre conduite, celle des nations qui ont acquis le plus haut degré de prospérité. Pourquoi la France n'emploierait-elle pas les mêmes moyens ? Le droit des gens réclame l'indépendance de toutes les nations. La France, autant que tout autre, a le droit d'y prétendre, et la puissance de la soutenir. La nation presqu'entière a abandonné un tyran, le despote est vaincu ; mais malgré les malheurs que cet audacieux et charlatan politique a fait peser sur elle, la nation n'en sera pas moins toujours invincible, lorsqu'il s'agira de maintenir son honneur et de faire valoir ses droits. Tout traité de commerce, je le réitère, qui y porterait atteinte, serait le prélude d'une guerre sanglante et inévitable.

Toutes les puissances de l'Europe sont aussi fortement intéressées que la France à soutenir ce principe de justice, fondé sur la plus sage politique. Ces puissances doivent vouloir aussi que leurs peuples puissent, par leur indépendance, jouir de tous les avantages qui doivent seconder leur prospérité. Cet heureux moment est donc arrivé, où tous les potentats pourront fixer cette inappréciable et sage liberté qui appartient à toutes les nations, suivant leurs besoins et leurs rapports commerciaux, et où chacun aura l'avantage de faire jouir son peuple de son industrie, de son commerce, et de prendre chez lui telles mesures qui paraîtront convenables à leur propre intérêt : ce ne sera que par cette ferme et sage détermination, que les puissances de l'Europe assureront une paix durable, parce qu'elle sera fondée sur les principes de la justice et de la raison. Les nations, comme les particuliers, ne peuvent et ne doivent être dirigés que par ces principes : l'injustice révolte les opprimés, et la nation, humiliée, n'attend que le moment de la vengeance pour la faire éclater.

Le magnanime Empereur de toutes les Russies a proclamé, à la face de l'Europe, que les Puissances alliées voulaient que la France fût puissante et indépendante, qu'elle eût le droit de se donner le gouvernement qu'elle croirait le plus convenable à ses intérêts et à son bonheur. La garantie de ses idées libérales a pénétré de reconnaissance le peuple français envers les alliés, et a porté dans tous les cœurs l'espérance d'une paix si nécessaire au bonheur de l'Europe entière. Pour consolider cette paix, il fallait une garantie ; au nom d'un Roi légitime, les cœurs de tous les Français ont volé au devant des successeurs du grand Henri IV ; un sentiment universel a appelé Louis XVIII sur le trône de ses pères, pour cicatriser les plaies de l'état, et donner une garantie à toutes les Puissances.

Louis XVIII veut être juste, et, par-dessus tout, il veut le bonheur de son peuple ; tout nous annonce qu'il a la pureté des sentimens de Louis XII, la bonté de Henri IV et la grandeur d'ame de Louis XIV. Ce qu'il fait tous les jours prouve irrévocablement à la nation que le sang de ces antiques héros coule dans ses veines, et que toutes ses sollicitudes se rapportent à la grandeur et au bonheur de son peuple.

Une constitution libérale va paraître ; elle doit faire la gloire du monarque et de la nation : réunissons-nous tous à cette arche sacrée qui doit être le palladium de notre liberté, de notre puissance et de notre prospérité ; ne formons qu'un faisceau pour soutenir de tout notre pouvoir un Roi qui ne veut que le bonheur et la gloire de son peuple : par cet heureux accord, la confiance renaîtra, multipliera nos forces et nos moyens, et l'olivier de la paix sera désormais établi sur les principes indestructibles de la justice et de la bonne foi.

FIN.